JE VEUX CHANGER LE MONDE

SÏANA BOUCHEZ

ISBN : 978-2-9590881-0-0

un livre par

The CHANGE

TABLE DES MATIERES

INTRODUCTION

The CHANGE

MISSION et OBJECTIFS

PROJETS

STARTING BLOCKS

PRÊTS ?

LA FIN

A PROPOS DE L'AUTEURE

"Je veux changer le monde", une phrase de moi.
Mais qui suis-je ?

Salut, moi, c'est Sïana, auteure de ce livre, fondatrice et PDG de The CHANGE. Je suis aussi quelqu'un qui ne sait pas vraiment parler d'elle, alors je vais juste vous donner une liste de faits qui pourraient vous intéresser :

J'ai 18 ans au moment où je publie ceci.

Je suis française et fière de l'être.

Je suis une femme.

Pour les amateurs d'astrologie, j'ai un soleil en Balance, un ascendant en Lion et une lune en Scorpion.

J'ai vécu et guéri d'une dépression (non diagnostiquée).

J'ai arrêté l'école avant de commencer le lycée.

Je crois que la vie est une expérience qui se vit simplement et que l'on peut choisir d'y ajouter un but (en changeant le monde par exemple).

Et je suis bien plus que ce que l'on peut exprimer avec des mots, mais en lisant ce livre, vous pourrez probablement en apprendre beaucoup sur moi, alors je vous laisse là et je vous attends à la fin où j'espère que vous me rejoindrez et que je pourrais aussi apprendre à vous connaître.

J'ai hâte d'y être !

Amour et lumière,

Sïana

PARTIE 1
INTRODUCTION

PENSÉE(S)

Dans un état méditatif, la respiration ralentit, les pensées deviennent de simples murmures et le monde qui nous entoure semble disparaître, l'attention s'intensifie et la conscience semble s'évaporer en même temps. C'est l'état dans lequel j'étais lorsqu'une pensée m'est venue du plus profond de moi et a résonné dans chaque fibre de mon être, LA PENSÉE qui donne désormais un sens à ma vie et me guide au quotidien dans la façon dont je la vis, je veux changer le monde. Et avant même d'avoir eu le temps d'ouvrir les yeux et de comprendre ce qui venait de se passer, j'ai été inondé de souvenirs dont je ne me rappelais même pas.

Je me suis souvenue d'UN RÊVE dans lequel il y avait un enfant, un enfant de 10 ans, je dirais, dans une charmante maison ancienne, assis à une table en bois, en train d'étudier.

Soudain, le jeune garçon se lève, franchit un encadrement de porte et entre dans une autre pièce. Une pièce dans laquelle se trouve un grand fauteuil dans lequel un homme est assis. Avec un livre d'histoire désormais visible en main, l'enfant dit : "Hé grand-père, tu peux m'aider avec ce chapitre ?" ; il le donne à l'homme, et c'est là que la magie opère. J'ai vu mon professeur d'histoire du collège, assis dans ce fauteuil, regardant ce livre avec des yeux fiers et il s'est exclamé :

", c'est Sïana, c'était une de mes élèves, pourquoi est-elle dans ton manuel ?

- Parce qu'elle a fait de grandes choses, lui répondit l'enfant".

Et juste comme ça, je me souviens de m'être réveillée, avec quelque chose qui s'éveillait aussi en moi.

Je me souviens que ce rêve m'a donné envie d'entrer dans l'histoire, de faire de « grandes choses » et de voir le regard fier de ces gens qui ont marqué ma vie.

Et puis j'ai eu un flash, le flash d'une PAGE DE JOURNAL que j'ai vue au collège, un endroit où j'ai passé 4 ans et d'innombrables heures, et pourtant je n'ai remarqué qu'une seule fois la page de journal épinglée sur le mur d'une classe à propos d'un athlète professionnel à succès qui fréquentait cette école.
Une fois, mais apparemment, c'était suffisant pour me faire rêver d'avoir mon propre article de journal épinglé dans les endroits où j'étais allée, comme une petite façon de dire que j'étais passée par là.

Et toujours dans le cadre de l'école, j'ai eu ce souvenir d'un événement SCOLAIRE pour découvrir des métiers, une journée entière où les gens venaient nous raconter ce qu'ils faisaient dans la vie. Je me souviens qu'à 14 ans, mes camarades et moi pensions tous la même chose : ennuyeux, mais au moins ce ne sont pas les cours.
Mais ce que j'avais oublié, c'est que ce n'était pas aussi ennuyeux que je le pensais parce que j'avais un esprit très imaginatif.
Je l'ai vu, le jour de l'événement est arrivé et j'ai assisté à toutes les différentes interventions dans lesquelles j'ai été placé, mais pour être honnête, je ne pense pas avoir vraiment écouté ce que les gens disaient.
Non, j'étais trop occupée à imaginer un avenir dans lequel je recevrais un appel de l'école me demandant d'être l'invitée d'honneur de ce fameux événement.
Je pouvais déjà le voir. Les visages émerveillés des enfants et toutes leurs mains levées, impatients de poser mille questions, leur excitation d'entendre les réponses et leur déception lorsque l'intervention devrait prendre fin.
Je n'avais aucune idée du travail que je leur présenterais, mais j'espérais que ce serait suffisamment incroyable pour qu'il n'y ait aucune chance qu'ils soient comme moi à ce moment-là, s'ennuyant à mourir en train d'imaginer des scénarios fous.

Cette pensée m'a rappelé une passion, un sentiment que j'ai eu lorsque j'ai décidé de faire de la danse quand j'étais enfant.
J'ai commencé à suivre un cours de danse contemporaine à 6 ans. Et je suis tombée amoureuse de la scène ; les projecteurs, les yeux sur moi, la musique. Ce n'était pas comme si le monde s'était arrêté, mais comme si c'était moi qui le faisais tourner à chaque pas de ma danse.
Et je me souviens avoir instantanément rêvé de ressentir cela pour le reste de ma vie.

Cela m'a aussi rappelé un autre jour que je n'avais pas oublié. Le jour où j'ai pris conscience de la cruauté insensée de notre monde.
Le jour de mon réveil, le 25 mai 2020.
Je ne me souviens toujours pas comment j'ai appris la nouvelle ce jour-là, mais je l'ai fait et c'était comme si un seau de glace m'avait été lancé au visage pour me réveiller d'un profond sommeil.

Les grands titres parlaient de la mort de George Floyd, un homme injustement tué par la police à cause du racisme.
Les images qui ont été montrées sont ce dont je me souviens le plus et mes pensées vont toujours à ses proches et à toute la communauté, car même maintenant, je n'arrive pas à comprendre ce qu'ils doivent ressentir.
Cependant, je me suis souvenu que je l'ai vu, j'ai entendu ce qu'ils ressentaient lorsqu'ils se sont levés pour protester avec un mouvement, le mouvement Black Lives Matter.
Quelque chose dont j'ignorais l'existence et pourtant il existe depuis 2013.
Je me suis souvenu de la colère et de la douleur mêlées au pouvoir et à la force de la communauté ; comment pourrais-je oublier ça.
Ce jour-là et ceux qui ont suivi m'ont ouvert les yeux sur l'état de notre monde, et depuis lors, j'ai su que je voulais faire quelque chose pour changer ça.

Et c'est à ce moment-là que j'ai compris POURQUOI tous ces souvenirs me revenaient.
En repensant à tous ces moments significatifs, j'ai pensé que changer le monde, c'était une grande chose, comme dans mon rêve, c'est quelque chose d'utile parce que le monde en a besoin, c'est quelque chose de grand qui laisserait un héritage, quelque chose d'unique qui ne pourrait jamais ennuyer personne, quelque chose qui me fait ressentir tellement de passion comme la danse le faisait autrefois.
Cela avait finalement du sens. Comme s'il s'agissait des pièces d'un puzzle finalement assemblé, je pouvais voir l'image.

J'ai ouvert les yeux et j'ai dit à voix haute : « C'est ça, je veux changer le monde.

CONTRETEMPS

Poussée par cette pensée, ma vie a pris un nouveau tournant. J'avais 16 ans, j'avais arrêté l'école parce que ce n'était pas ce que je voulais, et voilà, je savais enfin. Mais est-ce que je savais vraiment ? Je veux dire, comment peut-on changer le monde ? C'est une grande chose à faire.

Des peurs et des doutes ont commencé à m'envahir. Peur du succès, syndrome de l'imposteur, réflexion excessive ; mon esprit a commencé à noyer mes idées, c'est là que je me suis arrêté et que j'ai regardé ces peurs une par une.

Il est tout à fait ordinaire d'avoir peur d'échouer, mais avoir peur de réussir m'a toujours semblé étrange, jusqu'à ce que je réalise que c'était peut-être l'une de mes plus grandes peurs. Cependant, peu importe à quel point j'ai peur, c'est aussi en quelque sorte rassurant parce que je pense que l'on ne craint que ce en quoi on croit, donc craindre le succès doit signifier que je crois que je peux réussir. Et avec ça, cette peur m'a fait réaliser que, effectivement, je peux réussir !

Le syndrome de l'imposteur, événement psychologique dans lequel un individu doute de ses compétences, de ses talents ou de ses réalisations et a une peur intériorisée persistante d'être dénoncé comme une fraude.
C'est la définition que j'ai trouvée en cherchant, parce que c'était une peur que j'avais, mais que je ne comprenais pas. Tout ce que je savais, c'est que je n'arrêtais pas de penser : qui suis-je pour prétendre pouvoir changer le monde ? Si les autres ne pouvaient pas le faire, pourquoi moi le pourrais-je ? . Un « pourquoi moi » constant, et la seule réponse que j'ai trouvée à cette question intimidante est venue d'une discussion avec ma mère qui m'a dit « pourquoi pas ?

La réflexion excessive est probablement l'une des choses liées à la peur les plus courantes auxquelles nous sommes confrontés. Et c'est vraiment difficile à gérer.
Eh bien, j'ai appris à la considérer comme un outil qui m'aide régulièrement à remettre en question ce que je fais. Une chose importante à faire quand on a un objectif aussi grand que changer le monde.

Mes peurs et mes doutes sont une partie cruciale du voyage, car ils auraient pu m'arrêter ; ils l'ont fait avant pour d'autres rêves, mais cette fois, peu importe à quel point ils m'ont attaqué, je ne les ai jamais laissés prendre le dessus, bien au contraire comme vous pouvez le constater, j'ai commencé à les apprécier et même à en faire un usage.

Et encore une fois, je me suis dit : « Wow, je veux vraiment changer le monde ».

IDÉE

Peurs éloignées (ou du moins gérées), la vie a commencé à miraculeusement m'apporter les outils dont j'avais besoin pour réaliser mon souhait.

J'ai découvert l'ENTREPRENEURIAT.
L'indépendance et la liberté sont deux de mes choses préférées, et j'ai appris que dans un cadre professionnel, elles peuvent ne faire qu'un à travers l'entrepreneuriat.
Au cours des dernières années, il y a eu une augmentation importante de la popularité de la création de sa propre carrière grâce à l'entrepreneuriat, et lorsque j'ai eu un aperçu de cela, j'ai vraiment compris pourquoi et j'ai développé un grand intérêt pour ce sujet.
J'ai commencé à consommer tout le temps des vidéos informatives et des histoires de réussite. J'ai même suivi un cours en ligne gratuit sur la création d'entreprise. J'ai même commencé à en créer une, mais même si j'adorais l'idée que j'avais et qu'elle avait le potentiel de réussir, je ne l'ai jamais lancée, car cela n'avait pas grand-chose à voir avec le changement du monde et je ne voulais pas démarrer quelque chose juste pour le plaisir.
Cependant, cet intérêt pour l'entrepreneuriat est resté en moi et j'ai continué à le développer en pensant que je pourrais en profiter tôt ou tard.

J'ai aussi découvert quelque chose de nouveau sur moi. Laissez-moi vous demander : avez-vous de nombreux intérêts différents ? Une curiosité insatiable ? Mille idées ? Une étrange capacité à acquérir des compétences très rapidement ? Avez-vous déjà eu l'impression qu'une seule vie ne suffit pas pour faire tout ce que vous souhaiteriez ? Parce que c'est mon cas, et j'ai appris qu'il y avait un nom pour cela : les individus multipassionnés.
J'ai découvert ce terme par hasard sur les réseaux sociaux. J'ai creusé et je me suis immédiatement reconnue dans les différentes descriptions de personnes multipassionnées, les combats, les réflexions, les histoires, ça me ressemblait tellement. Et même si j'avais très bien vécu avec jusqu'à présent, savoir que d'autres personnes étaient comme ça C'était plutôt rassurant.
Et en plus de cela, cette découverte m'a donné la confiance nécessaire pour créer un chemin qui me permettrait d'explorer toutes ces choses qui me passionnent tant.

Simultanément, avec mon nouveau but en tête, le monde a commencé à me paraître très différent. J'avais l'impression de tout observer sous un tout nouvel angle. Je comprenais des choses auxquelles je n'avais jamais pensé auparavant, comme des connaissances inexplorées débloquées en moi. Plus important encore, ma vision du monde s'est élargie, même si je suis restée au même endroit. J'ai découvert une vision nouvelle et plus large de tout, et c'était comme si j'avais eu accès à une vue d'ensemble.

De retour à changer le monde, j'ai aussi commencé à remarquer quelques choses qui me font croire que cette idée m'est venue exactement au bon moment.
Nous sommes en 2023 et depuis quelques années, le monde est chaotique. Mais à travers tout ce chaos, certaines choses sont ressorties.
Ma génération par exemple, la génération z, je l'adore. Je crois que nous sommes à la recherche d'un monde très différent de celui dans lequel nous vivons actuellement. Plus important encore, je pense que nous sommes impatients et prêts à le créer.
Une autre chose est le genre d'éveil que les gens traversent. Comme si le chaos constant les avait faits s'arrêter un instant et se rendre compte que le fonctionnement du monde n'était peut-être pas aussi bon qu'ils le pensaient. Et pour les autres qui ont déjà eu cet éveil, il semble qu'ils en aient extrêmement marre de la situation et qu'ils souhaitent ne plus la subir et je le comprends vraiment.
L'activisme est une autre chose qui me fait savoir qu'il est réellement temps d'agir. Car même si cela existe depuis des décennies, voire des siècles, on constate un intérêt croissant pour ce dernier.
Les gens s'expriment et agissent pour autre chose, pour quelque chose de nouveau. Pour moi, cela signifie clairement que c'est effectivement le bon moment pour changer le monde.

Avec toutes ces nouvelles choses en tête, j'ai essayé d'imaginer la meilleure façon d'agir en exploitant mon intérêt pour l'entrepreneuriat, mes passions, la vision d'ensemble que j'ai découverte et tout ce que je savais.
J'ai commencé à le monter et cela est né comme l'idée d'une entreprise destinée à changer le monde en créant différents projets pour un nouveau monde.
D'accord, il y avait encore du travail à faire, mais j'arrivais à quelque chose.
Et je lui ai même trouvé un nom : The CHANGE.

CHANGEMENT

Eh bien, ironiquement, depuis cette idée initiale floue jusqu'à aujourd'hui, des choses sont arrivées et des changements se sont produits.

Pour vous donner une idée de ce qui s'est passé, imaginez un personnage de dessin animé pensant soudainement à quelque chose, vous savez quand une ampoule apparaît au-dessus de sa tête. Eh bien, si cela s'était produit dans la vraie vie, vous auriez pu me prendre pour le soleil.
Parce que presque aussitôt que l'idée de The CHANGE m'est venue, je suis devenu inarrêtable. J'avais mille idées qui me traversaient l'esprit, de la plus insignifiante à la chose la plus folle à laquelle je n'avais jamais pensé.
À tel point que j'ai acheté un cahier et j'ai commencé à les écrire toutes en pensant que je pourrais peut-être en tirer quelque chose.

Et ainsi, mille idées, quelques logos différents, un pitch en constante évolution et une remise en question presque constante du concept, et aussi environ cinq brouillons de livres inachevés plus tard, je suis finalement arrivé au point où je peux en toute confiance faire passer The CHANGE de mon esprit, au monde.

BIENVENUE

D'où ce livre, présentant toute l'idée qu'est The CHANGE.
Qu'est-ce que c'est, ce qu'on fait, comment on le fait et comment vous pouvez en faire partie.
Je veux changer le monde et j'ai créé The CHANGE pour y parvenir.
Alors, peu importe qui vous êtes, pourquoi ou comment vous souhaitez changer le monde, à travers ce livre, je vous invite à vous joindre à moi pour le faire.
Et c'est avec beaucoup de joie que je vous dis, bienvenue chez The CHANGE !

PARTIE 2
The CHANGE

The CHANGE, c'est quoi ?

The CHANGE est la toute première entreprise de changement mondial.

C'est une entreprise innovante qui s'efforce de changer le monde en créant, développant et soutenant une grande variété de projets qui correspondent à des missions et des objectifs prédéfinis.
Il met l'accent et le travail sur l'impact que les gens et les choses ont sur le monde, qu'il soit bon ou mauvais, grand ou petit, tant que cela modifie le monde d'une manière notable, c'est un travail pour The CHANGE.

CHANGEMENT MONDIAL

Le changement mondial, ou l'impact notable que quelque chose ou quelqu'un a sur le monde qui nous entoure.
Pour beaucoup, et peut-être même pour vous qui lisez ce livre, il s'agit d'un concept abstrait, d'une idée ; mais pour The CHANGE, c'est aussi réel que la science ou l'art. Pour moi, autant qu'Apple et Microsoft sont des entreprises technologiques, The CHANGE est une entreprise de changement mondial.
Et c'est l'un des grands objectifs, d'ouvrir les yeux et les esprits sur l'impact que les choses ont et peuvent avoir sur notre monde dans son ensemble, parce que le changement mondial fait partie de beaucoup de choses que nous connaissons, et en prenant conscience et en le comprenant, nous pouvons en tirer le meilleur parti.
Il occupe une place bien plus importante dans nos vies et dans notre monde qu'on ne le lui accorde actuellement.
C'est pourquoi il faut maintenant lui faire de la place.
Et c'est pourquoi The CHANGE est une entreprise de changement mondial.

DANS LE MONDE, PAR LE MONDE, POUR LE MONDE

dans le monde

Le monde est un tout, tout fonctionne ensemble.
Croyez-le ou non, tout est lié d'une manière ou d'une autre.
C'est la raison pour laquelle, je pense que, pour changer le monde, il faut agir dans le monde ENTIER.
Pas seulement en un seul endroit, mais partout.
Pas dans un domaine d'expertise, mais dans tout.
Pas dans une seule communauté, mais avec tout le monde.
Maintenant, partout, tout et tout le monde semble un peu exagéré, alors essayons simplement d'atteindre le plus loin, le plus large et le plus grand nombre possible.

pour le monde

Le monde a besoin de changement. Ce n'est pas un secret, nous le savons tous.
Nous entendons tous les plaintes autour de nous, nous les exprimons même.
Nous voyons les informations, écoutons la radio, lisons le journal.
Nous savons que les choses vont mal et que cela nous pèse.
Cela effraie les jeunes et attriste les aînés.
C'est le problème de tout le monde.
Heureusement, le monde n'est pas condamné. Cela peut changer.
Et c'est à cela que sert The CHANGE, c'est pour le monde.

par le monde

The CHANGE, c'est nous tous unis pour faire de grandes choses.
Il n'y a aucun sentiment de supériorité, aucune dictature, aucune hiérarchie.
Bien au contraire, il s'agit de travail d'équipe, de collaboration et d'ouverture.
Je ne veux pas diriger le monde.
Essayer de changer le monde seul me semble absurde. Et même si c'était possible, personne ne voudrait en faire autant, du moins pas moi.
En vérité, je veux le faire avec vous, avec tout le monde et avec tout ce qui fait de ce monde ce qu'il est.
Je veux que The CHANGE se produise dans le monde.

PART 3
MISSION ET OBJECTIFS

MISSION PRINCIPALE

La mission principale de The CHANGE est, comme vous l'avez sûrement déjà compris, de changer le monde.
Mais qu'est-ce que cela signifie exactement, changer le monde ?
Dans un chapitre précédent, j'ai partagé une définition du changement mondial : « l'impact notable que quelque chose ou quelqu'un a sur le monde qui nous entoure ».
Selon cette définition, changer le monde aurait avoir quelque chose à voir avec cet impact.
Ajoutez à cela la réalité de notre monde actuel et les objectifs de l'entreprise, changer le monde devient voir, comprendre et travailler avec cet impact pour en tirer le meilleur parti.
Et c'est exactement ce que fait The CHANGE

LES 3 GRANDS

Pour réaliser cette mission, je l'ai décomposée en 3 grands objectifs.

transformer le passé, une nécessité

Le passé a un grand impact sur notre monde, c'est le fondement sur lequel nous construisons le présent, donc transformer le passé, c'est préparer le terrain pour ce nouveau monde vers lequel nous voulons avancer.
La première et la plus grande priorité de The CHANGE concernant le passé est de faire partie de la solution aux problèmes actuels qui continuent d'impacter le monde d'aujourd'hui.
Afin de faire du monde ce que nous voulons qu'il soit, il est nécessaire de dépasser ce qui était autrefois et dont nous ne voulons plus. Et apparemment, il y a actuellement beaucoup de choses qui correspondent à cette affirmation dans le monde.
L'objectif de The CHANGE est de s'en occuper.

apprécier le présent, un monde merveilleux

Le monde est génial et la vie est belle ; c'est le point de ce deuxième objectif.
Cela semble un peu ringard, je sais, mais sérieusement, il y a tellement de belles choses présentes dans notre monde que nous avons appris à négliger, et pourtant ces choses sont essentielles à la construction du monde que nous désirons.
Pensez à la nature, à la communauté, à l'apprentissage, aux voyages et je pourrais continuer encore et encore à énumérer tous les aspects positifs de la vie dans notre monde, mais je vais m'arrêter et dire simplement à quel point il est important que nous arrêtions de les oublier et commencions plutôt à développer leur potentiel.
C'est pourquoi The CHANGE vise à mettre l'accent sur le bien dans ce monde merveilleux dans lequel nous vivons.

constriuire le futur, le changement est constant

Enfin, dans la continuité logique du temps, nous souhaitons mettre en place de bonnes structures et outils pour les générations futures, afin de leur permettre à elles aussi de construire et de vivre dans le monde qu'elles souhaiteront. Et pour The CHANGE, construire l'avenir, c'est rendre le changement normal et accessible, car comme le disait Héraclite (ancien philosophe grec) « Il n'y a rien de permanent sauf le changement » et il est fort probable que les prochaines générations voudront des choses nouvelles et/ou différentes de nous. C'est pourquoi nous voulons leur donner la chance d'avoir accès à ce changement sans avoir à se battre désespérément comme nous et ceux qui nous ont précédés, car ce sera le moment pour eux de découvrir le monde et ils méritent de pouvoir le faire comme ils le souhaitent.

PART 4
PROJETS

INTRO

Comment changer le monde ? C'est la grande question.
Je dis qu'il n'y a pas qu'une seule réponse à cela. C'est pourquoi The CHANGE ne crée pas de produits spécifiques ni ne fournit certains services, mais travaille plutôt par projets.
Un champ ouvert de projets originaux, progressifs et collaboratifs qui répondent sans cesse à cette grande question de savoir comment changer le monde.

VASTE MONDE

Le monde est un vaste endroit et The CHANGE a bien l'intention d'en explorer autant que possible.
Histoire, science, arts, sports, politique, technologie, nature, humanité ; Et la liste continue. La vision ne connaît pas de limites et la variété des projets de The CHANGE est là pour la représenter.

CREATION

L'un de mes domaines de travail préférés est la création de projets uniques.
De choses complètement nouvelles qui n'ont jamais été réalisées auparavant à une vision personnelle des tendances et des idées populaires, avec bien sûr le changement du monde au cœur de ces projets, le travail original de The CHANGE est la manière personnelle de l'entreprise d'avoir un impact sur le monde qui nous entoure.

DEVELOPPEMENT

Pour créer le monde que nous voulons, nous devons prendre en compte l'impact de ce que nous faisons. C'est pour cette raison que The CHANGE souhaite également participer au développement de projets extérieurs. Cette participation vise à aider les autres à être plus conscients de leur impact et à s'assurer qu'il correspond à ce que le monde veut et ce dont-il a besoin.

COLLABORATION

Même si The CHANGE est techniquement la première entreprise mondiale de changement, cela ne fait pas obstacle au fait qu'il existe déjà et qu'il y aura sûrement encore de nombreuses choses impactantes. Je n'ai pas inventé le fait de changer le monde et je ne suis pas la seule à le faire, The CHANGE est simplement une nouvelle façon de le faire. Cela dit, il est important pour moi de travailler aux côtés de ceux qui partagent les objectifs et les valeurs de l'entreprise. C'est pourquoi je m'efforce de travailler sur des projets collaboratifs, de m'unir à ceux qui veulent changer le monde et peut-être avoir un impact encore plus grand ensemble.

PART 5
STARTING BLOCKS

Les CHANGEURS

Les CHANGEURS, c'est vous et moi, et tous ceux qui participent au changement.
Être un changeur, c'est être conscient que tout a un impact et essayer d'en tirer le meilleur parti.
Bien sûr, vous pouvez être changeur en rejoignant The CHANGE, en participant aux projets et en les soutenant, en incarnant les missions, les objectifs et les valeurs de The CHANGE.
Cependant, la chose la plus importante que je veux que vous réalisiez afin de devenir un véritable changeur est que vous pouvez effectivement changer le monde.

PREMIER PAS

Le premier pas que nous allons faire ensemble est un pas autour du monde, à travers tant de choses qu'il contient et qui en font le monde dans lequel nous vivons.
En effet, parce que je pense que la première étape pour changer le monde est de le comprendre, je vous emmènerai dans un voyage autour du monde, en commençant par mon cher continent européen, au cours duquel nous explorerons de nombreux sujets différents et leur impact sur le monde.

.

Grâce à une série de vidéos YouTube et de petites actions, vous et moi découvrirons le monde qui nous entoure et agirons pour le changer en cours de route.
Alors, préparez-vous, car au fur et à mesure que nous avançons, ainsi va le monde

VISION

C'est presque la fin de ce livre, mais ce même livre marque aussi le tout début de toute cette histoire.
J'avais donc envie de prendre un moment pour imaginer tout ce qui peut arriver après avoir tourné cette dernière page.
Si vous décidez de me rejoindre dans ce voyage, nous pouvons créer un chemin vers un monde meilleur. Ce n'est peut-être pas un chemin facile et simple, mais je peux vous promettre que nous continuerons à le parcourir, portés par l'amour et la passion qui nous anime. Et je sais que ce chemin peut être fait de choses vraiment incroyables. Je peux déjà le voir.
Partagez cette vision avec moi pendant une minute, s'il vous plaît. Rêvez de ce monde que nous pouvons construire.

Et laissez-moi vous dire que cela va devenir réalité.

PRÊTS ?

Et voilà. Maintenant, vous savez tout sur la façon dont je veux changer le monde.
Si vous aviez déjà envie de faire la même chose, j'espère que vous trouverez ce dont vous avez besoin dans The CHANGE.
Et si ce n'est pas le cas, j'espère que vous souhaiterez désormais vous joindre à nous pour le faire.
Quoi qu'il en soit, avec la fin de ce livre, notre voyage pour changer le monde débute.
Prêt ?
Alors, suivez The CHANGE sur Instagram
@thechange_co !

Que The CHANGE commence.

LA FIN

www.ingramcontent.com/pod-product-compliance
Lightning Source LLC
LaVergne TN
LVHW010505160826
845677LV00012B/2656
* 9 7 8 2 9 5 9 0 8 8 1 0 0 *